BEI GRIN MACHT SICH IHR WISSEN BEZAHLT

AF135571

- Wir veröffentlichen Ihre Hausarbeit,
  Bachelor- und Masterarbeit

- Ihr eigenes eBook und Buch -
  weltweit in allen wichtigen Shops

- Verdienen Sie an jedem Verkauf

Jetzt bei www.GRIN.com hochladen und kostenlos publizieren

GRIN

Direkter und indirekter Vertrieb im Vergleich. Auswirkungen von Produkteigenschaften auf Vertriebskanäle und Logistik und Distributionspolitik

GRIN ☺

Bibliografische Information der Deutschen Nationalbibliothek:

Die Deutsche Nationalbibliothek verzeichnet diese Publikation in der Deutschen Nationalbibliografie; detaillierte bibliografische Daten sind im Internet über http://dnb.d-nb.de abrufbar.

ISBN: 9783346911186
Dieses Buch ist auch als E-Book erhältlich.

© GRIN Publishing GmbH
Trappentreustraße 1
80339 München

Druck und Bindung: Books on Demand GmbH, Norderstedt Germany
Gedruckt auf säurefreiem Papier aus verantwortungsvollen Quellen

Das Buch bei GRIN: https://www.grin.com/document/1375354

Einsendeaufgaben

Themenkatalog 2023

Alternative A

Prüfungsleistung in dem Modul

Distribution und Vertrieb

vorgelegt der SRH Fernhochschule Riedlingen (E-Campus)

Studiengang: Online-Marketing (B.A.)

abgegeben am: 16.07.2023

Inhaltsverzeichnis

Abkürzungsverzeichnis

bspw.	beispielsweise
CO_2	Kohlenstoffdioxid
et al.	et alii
etc.	et cetera
ggf.	gegebenenfalls
i.d.R.	in der Regel
Lkw	Lastkraftwagen
sog.	sogenannte
vgl.	vergleiche
WWF	World Wildlife Fund
z.B.	zum Beispiel

Abbildungsverzeichnis

1 Direkter und indirekter Vertrieb im Vergleich

Bei der Entwicklung einer passenden Vertriebsstrategie stehen produzierende Unternehmen vor der Aufgabe zu entscheiden, auf welchem Weg die Produkte bzw. Dienstleistungen an die Kunden verkauft werden. Grundsätzlich bieten sich dafür zwei unterschiedliche Vertriebsformen an: Der direkte und der indirekte Vertrieb als Teil der vertikalen Absatzstruktur. Die Auswahl der Vertriebswege ist eine strategische Entscheidung, die verschiedene Vor- und Nachteile mit sich bringt. Die Faktoren, welche die Auswahl beeinflussen, sind leistungs-/ produktbezogene Faktoren (Erklärungsbedürftigkeit, Lager- und Transportfähigkeit), kundenbezogene Faktoren (Kauffrequenz, Bedarfshäufigkeit) sowie unternehmensbezogene Faktoren (Marktmacht, Finanzkraft) und wettbewerbsbezogene Faktoren (Zahl und Marktposition der Mitbewerber). Eine universelle Lösung für die Auswahl einer passenden Vertriebsstruktur lässt sich nicht einheitlich definieren. Die strategischen Entscheidungen haben jedoch eine Auswirkung auf die Kundenbeziehungen, die Kostenstrukturen sowie die Reichweite des Unternehmens.[1]

Das Ziel dieser Aufgabe ist es, die Vor- und Nachteile des direkten und indirekten Vertriebs aufzuzeigen und zu diskutieren. Dafür werden konkrete Beispiele verwendet, um die Ausführungen zu veranschaulichen. Diese Aufgabe beinhaltet keine Empfehlung, Analyse oder detaillierte Implementierung von Vertriebsarten, -kanälen oder -strategien für Unternehmen. Vielmehr soll sie eine Grundlage bilden, die sich auf den allgemeinen Vergleich konzentriert. Aufgrund des vorgegebenen Umfangs erhebt diese Ausarbeitung kein Anspruch auf Vollständigkeit der gesamten Vor- und Nachteile des direkten und indirekten Vertriebs.

1.1 Direkter Vertrieb

Der direkte Vertrieb ist ein „Vertriebssystem, bei dem der Verkauf von Herstellern und Großhändlern direkt an Letztverbraucher erfolgt: Die produzierten Güter gelangen ohne Einschaltung des Handels vom Produzenten unmittelbar zum Endnutzer."[2] Typische Beispiele für den direkten Vertrieb sind Haustürgeschäfte, Wochenmärkte, Werksverkäufe und Online-Shops.

---

[1] Vgl. Herlan (2012).
[2] Kenning (2018).

1.1.1 Vorteile

Bessere Kundenbeziehung und -zufriedenheit:

Durch einen direkten Vertrieb können Unternehmen direkt mit den Kunden kommunizieren und interagieren. Es lässt sich dadurch besser auf deren spezifische Bedürfnisse und Anforderungen eingehen. Dies hilft dabei, eine engere Beziehung zu der Kundschaft aufzubauen. Die persönliche Kommunikation zwischen Hersteller und Kunde wird bspw. durch Vertriebsmitarbeiter, die Teil des Unternehmens sind, ermöglicht.[3] Das Feedback der Kunden wird schneller wahrgenommen und ggf. in betriebliche Strukturen/ Prozesse implementiert.

Beispiel: Ein Hersteller von alkoholfreien Getränken entwickelt ein neues, noch unbekanntes Produkt. Dieses wird anfangs über einen Online-Shop direkt an die Kunden verkauft. Die Produktseite im Online-Shop besitzt eine Bewertungsfunktion. Nach dem Kauf wird der Kunde aufgefordert, das Produkt und den Service zu bewerten. Dadurch lässt sich individuelles Kundenfeedback schnell und effektiv sammeln. Basierend auf den Bewertungen kann der Hersteller kontinuierlich Produkt- bzw. Serviceverbesserungen vornehmen.

Mehr Kontrolle:

Ein entscheidender Vorteil des direkten Vertriebs ist, dass Unternehmen die volle Kontrolle über den gesamten Vertriebsprozess intern beibehalten. Verkaufsstrategien und -taktiken lassen sich genau auf die unternehmerischen Ziele ausrichten und anpassen. Unternehmen haben dadurch einen direkten Einfluss auf die Verkaufspreise der Produkte und die damit verbundene Werbung. Das komplette Absatzgeschehen ist zentral steuerbar, was zudem die Konsistenz des Brandings und der Corporate Identity des Unternehmens erleichtert.[4]

Beispiel: Ein Modelabel kann durch den direkten Vertrieb (bspw. über ein eigenes Ladengeschäft) selbst entscheiden, welche Kleidungsstücke zu welchen Preisen angeboten werden. Es kann durch den direkten Vertrieb das Marketing vollständig in Eigeninitiative steuern. Zusätzlich kann der Hersteller im eigenen Geschäft die Kundenerfahrung vollständig selbst steuern. So lässt sich das Geschäft individuell gestalten, um eine angenehme Einkaufsatmosphäre zu schaffen. Das darin enthaltene Sortiment kann für die Kundschaft kuratiert und selektiert werden. Eine persönliche und individuelle Beratung der Kunden stellt sicher, dass das Erlebnis zwischen dem Hersteller und den Kunden positiv ausfällt.

---

[3] Vgl. Binckebanck et al. (2022), S. 22.
[4] Vgl. Wirtz (2022), S. 42–43.

1.1.2 Nachteile

Höhere Kosten:

Der Aufbau eines direkten Vertriebs erfordert oft hohe Investitionen in Ressourcen und Infrastrukturen. Aufgrund dieser Investitionen entstehen höhere Personal- und Fixkosten. Der deutlich höhere absatzorganisatorische Aufwand steigt, da ein Unternehmen administrative und logistische Aufgaben im direkten Vertrieb komplett selbst übernimmt.[5]

Beispiel: Ein Automobilhersteller, der seine Fahrzeuge in eigenen Verkaufsstellen anbieten möchte, muss zunächst die dafür benötigten Räumlichkeiten kaufen oder mieten. Zudem müssen die Ausstellungsräume eingerichtet, regelmäßig beliefert und mit Verkaufspersonal besetzt werden.

Begrenzte Reichweite:

Unternehmen, die sich ausschließlich auf den direkten Vertrieb konzentrieren, können ggf. nur eine begrenzte Anzahl an Kunden erreichen. Dies kann das Wachstumspotenzial gefährden und den Kundenstamm begrenzen. Es kann dazu führen, dass Unternehmen bspw. nur in begrenzten geografischen Bereichen aktiv sind und daher eingeschränkte Umsatzmöglichkeiten herrschen. Dadurch steigt die Abhängigkeit von lokalen Marktfaktoren. Schwankungen der lokalen Nachfrage können sich wirtschaftlich stark auf das Geschäft auswirken. Im Vergleich zu Unternehmen mit größerer Reichweite, kann es schwieriger sein, sich ausschließlich durch den direkten Vertrieb vom Wettbewerb abzuheben und den eigenen Marktanteil zu vergrößern.[6]

Beispiel: Ein kleines Handwerksunternehmen, das sich auf die Herstellung von maßgefertigten Möbeln spezialisiert hat, verfügt ausschließlich über ein physisches Verkaufsgeschäft in einer Stadt. Da dieses Geschäft nur Kunden aus unmittelbarer Nähe anspricht, ist der potenzielle Kundenstamm erheblich eingeschränkt. Folglich bleibt eine große Menge an potenziellen Kunden unerreichbar, was das Wachstumspotenzial des Unternehmens beeinflusst.

1.2 Indirekter Vertrieb

Es liegt ein indirekter Vertrieb vor, „wenn in die Vermarktungskette zwischen Hersteller und Endabnehmer bewusst unternehmensfremde, rechtlich und wirtschaftlich selbständige Absatzmittler eingeschaltet werden, die i.d.R. die marketingpolitischen Aufgaben

---

[5] Vgl. Binckebanck (2015), S. 309.
[6] Vgl. Lippold (2018), S. 295–296.

gegenüber dem Endkunden übernehmen."[7] In dieser Vertriebsstruktur können verschiedene Formen von Absatzmittlern involviert sein, sodass sich mehrere Stufen auf dem Absatzweg ergeben. Im einstufigen, indirekten Vertrieb existiert lediglich zwischen dem Hersteller und Kunden eine Zwischenstufe (Getränkehersteller – Supermarkt – Kunde). Beim mehrstufigen, indirekten Vertrieb sind mehrere Formen von Absatzmittlern beteiligt (Getränkehersteller – Großhandel – Getränkehändler – Restaurant – Kunde).[8]

1.2.1 Vorteile

Massendistribution und Risikominimierung:

Der indirekte Vertrieb ermöglicht es, eine breite Massenproduktion der Produkte zu erreichen. Die Absatzfunktion sowie die darin enthaltenen Aufgaben und Risiken werden auf Absatzmittler übertragen, welche als Vermittler zwischen Hersteller und Kunden agieren. Dies beinhaltet Aspekte wie bspw. Markterschließung, Markteintritt und Kundengewinnung. Die Absatzmittler übernehmen neben diesen Funktionen auch teilweise die Verantwortung für den Verkaufserfolg. Für das Unternehmen bedeutet dieser Vertriebsweg eine geringe Kapitalbindung im Vergleich zum direkten Vertrieb, bei dem in Vertriebsstrukturen, Lagerhaltung und Transport eigenständig investiert werden muss. Beim indirekten Vertrieb können die Ressourcen des Unternehmens auf andere Bereiche konzentriert werden.[9]

Sortimentsbildung und Nutzung des Markt- und Marketing-Knowhows:

Ein weiterer relevanter Aspekt ist, dass die Sortimentsbildung durch den Handel übernommen wird. Händler bzw. Vertriebspartner wählen die Produkte für ihr eigenes Sortiment selektiv aus. Dadurch werden die Präferenzen und Bedürfnisse der Endkunden gezielt berücksichtigt und das Angebot entsprechend angepasst. Dies ermöglicht neben einer optimalen Produktplatzierung, eine gezieltere Ansprache der potenziellen Kunden. Neben der Sortimentsbildung profitiert ein Unternehmen von der Nutzung des Markt- und Marketing-Knowhows der Absatzmittler. Sie verfügen i.d.R. über ein umfassendes Wissen über den Markt, die Zielgruppe sowie aktuelle und zukünftige Trends. Dieses Wissen kann effektiv genutzt werden, um Marketingstrategien zu entwickeln und anzupassen. Neben den Fachkenntnissen können Unternehmen von den Netzwerken der Absatzmittler profitieren, um die Verkäufe zu steigern.[10]

---

[7] Bruhn (2014), S. 252.
[8] Vgl. Bruhn (2014), S. 252.
[9] Vgl. Binckebanck et al. (2022), S. 310.
[10] Vgl. Binckebanck et al. (2022), S. 310.

Beispiel: Ein Elektronikhersteller, der Smartphones und Tablets herstellt, entscheidet sich für den indirekten Vertrieb seiner Produkte. Das Unternehmen geht eine Kooperation mit einem Einzelhandelskonzern (bspw. Media Markt) ein. Dieser Einzelhandelskonzern übernimmt die Sortimentsbildung, welche an die Bedürfnisse und Vorlieben seiner Kunden angepasst ist. Dieses Vorgehen beruht auf Marktanalysen und Kundendaten, anhand derer fundierte Entscheidungen getroffen werden. Der Einzelhandelskonzern kümmert sich um das Marketing/ den Vertrieb der Produkte und übernimmt die Platzierung in den Regalen. Der Hersteller kann sich somit auf die Produktion und Weiterentwicklung der eigenen Produkte konzentrieren. Auf der Grundlage der Erfahrungen des Einzelhandelskonzerns werden Strategien entwickelt, die den Verkauf der Produkte fördern. Der Hersteller profitiert von der Expertise und den Bestandskunden des Händlers.

1.2.2 Nachteile

Geringere Kontrolle:

Ein entscheidender Nachteil des indirekten Vertriebs ist der Verlust der Kontrolle auf das Absatzgeschehen. Durch den Einsatz von Absatzmittlern verliert das Unternehmen die Kontrolle über den Vertriebsprozess. Es lassen sich somit keine unmittelbaren Entscheidungen treffen, um kurzfristige Anpassungen vorzunehmen oder den Absatz zu steuern. Das Unternehmen begibt sich durch den indirekten Vertrieb in eine Abhängigkeit, welche einen eingeschränkten Einfluss auf das Absatzgeschehen mit sich bringt.[11]

Beispiel: Ein Bekleidungshersteller, der seine Produkte indirekt über einen Einzelhändler vertreibt, muss darauf vertrauen, dass die Produkte in den Geschäften optimal präsentiert und beworben werden.

Erschwerte Interaktion (Informationsaustausch) mit Endkunden:

Innerhalb des indirekten Vertriebs interagiert das Unternehmen mit dem Endverbraucher normalerweise nicht. Die Möglichkeiten für eine direkte Kommunikation sind sehr begrenzt. Informationen über Präferenzen, Feedback oder Bedürfnisse müssen über Absatzmittler kommuniziert werden. Hier besteht die Gefahr, aufgrund einer Verzögerung, dass ein Informationsverlust besteht. Es lässt sich dadurch schwieriger auf die Bedürfnisse der Kundschaft eingehen, um die Strategien entsprechend anzupassen.[12]

Beispiel: Ein Hersteller von Sportbekleidung vertreibt seine Produkte über ein Fachgeschäft, in dem immer mehr Endkunden nach nachhaltigen und umweltfreundlichen

---

[11] Vgl. Bruhn (2014), S. 256.
[12] Vgl. Binckebanck et al. (2022), S. 310.

Sportbekleidungsprodukten suchen. Da der Hersteller nicht mit den Endkunden kommuniziert, erfährt er erst mit einer gewissen Verzögerung von dieser Entwicklung. Somit kann er auf die Nachfrage nur langsam reagieren und sein Produktangebot verzögert anpassen. Dadurch besteht die Gefahr, eine Marktchance zu verpassen.

1.3 Fazit

Zusammenfassend lässt sich feststellen, dass beide Vertriebsformen ihre spezifischen Vor- und Nachteile aufweisen. Der direkte Vertrieb ermöglicht es Unternehmen, die vollständige Kontrolle über den Absatzweg zu bewahren und eine enge Beziehung mit der Kundschaft aufzubauen. Feedback und Kundenpräferenzen können unmittelbar wahrgenommen und implementiert werden. Jedoch bedeutet der direkte Vertrieb für ein Unternehmen höhere Kosten und eine Kapitalbindung, da die Vertriebsstrukturen sowie Lagerhaltung und der Transport eigenständig umgesetzt werden müssen. Im Gegensatz dazu, bietet der indirekte Vertrieb eine Chance auf eine breite Massendistribution, indem Aufgaben und Verantwortungen auf Absatzmittler übertragen werden. Dadurch lassen sich Produkte in größeren Marktsegmenten platzieren und von der Expertise der Absatzmittler profitieren. Allerdings besteht ein signifikanter Nachteil beim indirekten Vertrieb darin, dass Unternehmen wenig Kontrolle über das Absatzgeschehen haben und die Kommunikation mit den Endkunden erschwert ist.

Letztendlich ist es wichtig zu beachten, dass die Auswahl des Vertriebsweges von unterschiedlichen Faktoren abhängig ist. Viele Unternehmen nutzen Kombinationen aus beiden Vertriebsarten, um ihre Reichweite zu erhöhen und gleichzeitig eine enge Kundenbeziehung /-bindung zu etablieren. Jedoch kann durch die Kombination der beiden Vertriebsformen eine interne Wettbewerbssituation geschaffen werden, die aus einer unterschiedlichen Preisgestaltung und einem ggf. nicht einheitlichem Auftritt resultiert.

2 Auswirkungen von Produkteigenschaften auf Vertriebskanäle und Logistik

Bei der Gestaltung von Logistikprozessen und der Wahl der Vertriebskanäle spielen die Art und Güte von Produkten eine entscheidende Rolle. Die Produkteigenschaften haben einen direkten Einfluss auf die Effizienz und Effektivität der Lieferkette, Lagerhaltung und den Transport. Werden diese logistischen Aspekte nicht passend erfüllt, hat dies negative Auswirkungen auf die Kundenzufriedenheit und Wiederkaufsrate. Die Entscheidungen, die Unternehmen hinsichtlich dieser Prozesse treffen müssen, hängen maßgeblich von der Anpassung an die spezifischen Anforderungen eines Produkts ab.[13] Es ist von entscheidender Bedeutung, die Produkteigenschaften genau zu evaluieren, um eine passende Entscheidung hinsichtlich des Vertriebskanals treffen zu können. Die Auswahl darf nicht anhand von Präferenzen getroffen werden, sondern soll auf spezifischen Anforderungen und Merkmalen basieren.[14] Die Logistik spielt eine bedeutende Rolle bei der Gewährleistung einer effizienten Lieferkette. Ist diese auf die Produkteigenschaften genau zugeschnitten, trägt sie dazu bei, dass die Produkte in bestmöglicher Qualität bzw. Zustand zu minimalen Kosten beim Endverbraucher ankommen.[15]

Das Ziel dieser Aufgabe ist es, anhand von zwei selbstgewählten Beispielen aufzuzeigen, wie bestimmte Produkteigenschaften die Wahl des Vertriebskanals und der Logistik beeinflussen können. Der Fokus wird auf unterschiedliche Anforderungen und Herausforderungen gesetzt, um zu verdeutlichen, wie sich diese auf die effiziente Vertriebsabwicklung und optimale Logistikgestaltung auswirken. Dadurch lässt sich ein Verständnis dafür entwickeln, wie Unternehmen ihre Logistikprozesse und Vertriebsstrategien an den Produkteigenschaften anpassen können.

Im folgenden Abschnitt wird der theoretische Rahmen dieser Aufgabe festgelegt, indem Produkteigenschaften definiert und die Bedeutung für die Logistik und den Vertrieb erläutert werden.

2.1 Theoretischer Rahmen

Produkteigenschaften sind spezifische Merkmale und Attribute von Produkten wie bspw. Größe, Form, Material, Gewicht, Haltbarkeit, Verderblichkeit, Komplexität, Produkt- und Transportverpackung. Sie bestimmen die physischen und funktionalen Eigenschaften und definieren, wie ein Produkt vertrieben bzw. gelagert wird. Die sorgfältige Auswahl des richtigen Vertriebskanals ist entscheidend, da unterschiedliche Anforderungen sowie Vor- und Nachteile damit verbunden sind. So benötigt z.B. ein Produkt, das verderblich ist, einen schnellen (Kühl)Transport und zuverlässigen Lieferprozess. Wohingegen

---

[13] Vgl. Jeziorsky-Zeiser et al. (2021), S. 92.
[14] Vgl. Binckebanck et al. (2020), S. 100.
[15] Vgl. Jeziorsky-Zeiser et al. (2021), S. 93.

ein komplexes elektronisches Gerät eine persönliche Kaufberatung erfordert und sicher gegen Transportschäden verpackt sein muss.[16]

Die Art und Güte eines Produkts haben demnach Auswirkungen auf verschiedene Aspekte der Logistik. Betroffen sind der Transport, die Lagerhaltung, das Bestandsmanagement und die Distribution. So benötigen z.b. schwere Maschinen eine entsprechende Infrastruktur und aufwändige Transporte, während Fleischprodukte einer Kühlkette unterliegen, die durch schnelle und zuverlässige Transporte nicht unterbrochen werden darf.

Die Wahl des Vertriebskanals ist ebenfalls von den Produkteigenschaften abhängig. Erklärungsbedürftige Produkte werden oft im stationären Einzelhandel vertrieben, um den Kunden das Produkt und dessen Funktionen zu präsentieren. Wohingegen standardisierte und sich selbst erklärende Produkte effizient über den Online-Handel vertrieben werden können.

Dieser erste Einblick verdeutlicht die Verbindung zwischen Produkteigenschaften, Vertriebskanälen und Logistik. Die Produkteigenschaften bestimmen die Anforderungen an die Logistik und an den Vertrieb. Durch eine kontinuierliche Optimierung können Unternehmen die Kundenzufriedenheit steigern, indem sie stets dafür sorgen, dass ihre Produkte rechtzeitig und in einem einwandfreien Zustand beim Kunden ankommen.

2.2 Leichtverderbliche Lebensmittel

Leichtverderbliche Lebensmittel zeichnen sich durch ihre begrenzte Haltbarkeit aus, da sie aufgrund ihrer mikrobiologischen Beschaffenheit nach kurzer Zeit eine Gefahr für die Gesundheit darstellen können. Die begrenzte Haltbarkeitsdauer resultiert aufgrund des hohen Wassergehalts, der empfindlichen chemischen Zusammensetzung oder der Anfälligkeit für Mikroorganismen wie Bakterien und Schimmel.[17] Solche Produkte sind bspw. frisches Obst und Gemüse, Fleisch, Fisch, Milchprodukte, Eier und Eis.[18]

Auswirkungen auf die Wahl des Vertriebskanals:

Grundsätzlich müssen leichtverderbliche Waren schnell an ihr Ziel gebracht werden. Aufgrund der begrenzten Haltbarkeit erfordern sie schnelle und effiziente

---

[16] Vgl. Jeziorsky-Zeiser et al. (2021), S. 15.
[17] Vgl. Bayerisches Landesamt für Gesundheit und Lebensmittelsicherheit (2023).
[18] Vgl. IHK Rheinhessen (2023).

Vertriebskanäle bzw. -wege, um die Qualität der Produkte aufrechtzuerhalten. Hier eignet sich der direkte und indirekte Vertrieb. Frische Produkte wie Obst und Gemüse können ab dem Hof oder ab dem Feld direkt an den Endkunden vertrieben werden. Typische Beispiele hierfür sind der Spargel- und Erdbeerverkauf. Dies erfordert durch einen eigenen Verkaufsstand nur geringe Investition für den Hersteller und stellt einen effektiven Weg des Vertriebs dar.[19] Eine weitere Möglichkeit ist der Vertrieb über einen Internetshop. „Mit einem eigenen Zustelldienst können (die bestellten) Frischeprodukte gut ausgeliefert werden, da durch eigene Lagerhaltung und Kommissionierung eine schnelle Lieferung gewährleistet werden kann."[20]

Der normale Paketversand bietet sich bei leichtverderblichen Lebensmitteln in der Regel nur bedingt an. Abweichungen von den angegebenen Lieferzeiten oder der nicht sorgfältige Umgang mit Paketen können schnell zu Problemen führen.[21] Für die Wahl von Vertriebskanälen eignen sich Kooperationen mit dem Handel. Diese verfügen über eigene Vertriebsstrukturen und können stabile Umsätze garantieren.[22]

Generell ist anzumerken, dass die Landwirtschaft in den letzten Jahrzehnten erhebliche Produktivitätssteigerungen realisiert. Es ist für Hersteller von leichtverderblichen Lebensmitteln essenziell, die Ware rechtzeitig vor Ablauf der Haltbarkeit zu vertreiben.[23]

Auswirkungen auf die Logistik:

Die Rahmenbedingungen und Vorgaben für die Logistik von leichtverderblichen Lebensmitteln wurden in den letzten Jahren deutlich verschärft. Gründe hierfür sind steigende Logistik- und Personalkosten sowie gesetzliche Auflagen durch das Lebensmittelrecht, der Verpackungsverordnung und der Kreislaufwirtschaft.[24] Logistische Prozesse von leichtverderblichen Lebensmitteln werden deshalb überwiegend manuell durchgeführt. Eine Automatisierung bzw. Digitalisierung der Prozesse, wie im Vergleich zu Trockensortimenten, findet aktuell nicht statt.[25] Grundlegend lässt sich der Logistikprozess in Bezug auf Lebensmittel in Beschaffung, Lagerung, Kommissionierung, Versand, Vertrieb und Entsorgung einteilen.[26]

---

[19] Vgl. Wegmann (2020), S. 6–7.
[20] Wegmann (2020), S. 270.
[21] Vgl. Wegmann (2020), S. 270.
[22] Vgl. Wegmann (2020), S. 284.
[23] Vgl. Wegmann (2020), S. 266.
[24] Vgl. Rothländer (2023), S. 87.
[25] Vgl. Rothländer (2023), S. 301.
[26] Vgl. Rothländer (2023), S. 199.

Leichtverderbliche Lebensmittel erfordern komplexe logistische Systeme und Prozesse im Rahmen des Transports sowie bei der Lagerung. Die Lieferung beim Supermarkt oder beim Endkunden hat rechtzeitig zu erfolgen, bevor die Qualität beeinträchtigt wird. Es müssen Temperaturvorgaben bei dem Transport (bspw. durch Kühltransporter mit einer Kühlüberwachung) eingehalten werden, um die Frische der Produkte sicherzustellen. Eine Unterbrechung der vorgegebenen Kühlkette kann die Produkte verderben. Die Produkte erfordern neben dem schnellen und zuverlässigen Transport eine sorgfältige Lagerhaltung und Bestandsmanagement. Es müssen regelmäßig Haltbarkeitsdaten überwacht werden, um ältere Produkte zu priorisieren und Verluste zu minimieren. Die Logistik von leichtverderblichen Lebensmitteln erfordert eine enge Zusammenarbeit von Herstellern, Lieferanten, Spediteure und Einzelhändler. Es gilt Liefertermine gemeinsam zu koordinieren und gesetzliche Vorgaben wie die Rückverfolgbarkeit der Produkte zu gewährleisten.[27]

Weitere Herausforderungen sind saisonale Schwankungen und die Veränderung der Nachfrage von Kunden. Insofern die Verbraucher zunehmend Wert auf Regionalität, Nachhaltigkeit, Frische von Lebensmitteln und vegane Alternativen legen, erfordert dies eine Vergrößerung der Sortimentsbreite und fordert somit zusätzliche Lager- und Transportkapazitäten. Dadurch können sich bei leichtverderblichen Lebensmitteln neue Bestellvorlaufzeiten ergeben, die bei den Abläufen der Logistikprozesse berücksichtigt werden müssen.[28]

2.3 Elektronikprodukte

Elektronikprodukte umfassen mehrere technologischen Geräte, wie bspw. Smartphones, Laptops, Fernseher, Haushaltsgeräte und Unterhaltungselektronik. Diese Produkte zeichnen sich durch ihre Komplexität, technischen Merkmale, Größe, Gewicht und Empfindlichkeit aus. Sie sind in verschiedenen Varianten und Modellen erhältlich, die jeweils spezifische Funktionen und Leistungsmerkmale bieten.

Auswirkungen auf die Wahl des Vertriebskanals:

Elektronikprodukte erfordern oft eine fachliche Beratung für die Kunden vor dem Kauf. Es sind Produkte, die eine extensive Kaufentscheidung erfordern. Der Endverbraucher

---

[27] Vgl. Rothländer (2023), S. 311–313.
[28] Vgl. Rothländer (2023), S. 87.

beansprucht in der Regel mehrere Informationsquellen, um eine fundierte Entscheidung über den Kauf des Produktes zu treffen. Für den Vertrieb bedeutet das, dass spezialisierte Einzelhandelsgeschäfte oder Fachhändler bevorzugt eingesetzt werden.[29]

Kunden haben häufig eine starke Markenbindung zu Herstellern und deren Elektronikartikeln. Deshalb erfolgt der Vertrieb oft über den eigenen Onlineshop, autorisierte Händler und Flagship Stores. Dies ist ein lohnenswerter Ansatz, wie das folgende Beispiel bestätigt. Große Unternehmen wie Apple eröffnen Flagship-Stores in zentralen Lagen, um ihre Produkte zu präsentieren und den Kunden ein einzigartiges Einkaufserlebnis zu bieten. Diese Geschäfte dienen auch als Kundenservice-Center, wo Kunden Beratung und Unterstützung erhalten können. Die Logistik für die Flagship-Stores beinhaltet die regelmäßige Lieferung von neuen Produkten, um die neuesten Modelle und Technologien präsentieren zu können.[30]

Der Markt der Elektronikprodukte ist sehr innovativ. Anhand des Beispiels lässt sich ableiten, dass die Produkte einem konstanten Innovationsprozess unterliegen. Sie werden ständig verbessert und weiterentwickelt. Dies erfordert einen Vertrieb, der ermöglicht, schnell neue Produkte einzuführen und alte Modelle zu ersetzen. Zudem haben die Hersteller oft eine große geografische Reichweite. Es müssen Vertriebskanäle gewählt werden, die eine globale Abdeckung besitzen, um die Produkte flächendeckend anbieten zu können.

Auswirkungen auf die Logistik:

Elektronikprodukte stellen aufgrund ihrer besonderen Produkteigenschaften besondere Herausforderungen an die Logistik. Sie beginnt bei der Lagerhaltung. Hersteller von Elektronikprodukten haben häufig hohe Lagerbestände aufgrund von Nachfrageprognosen, saisonalen Schwankungen und Produktzyklen. Für die Logistik ist die Verfügbarkeit in bestimmten Zeiten entscheidend, um die Nachfrage der Kundschaft zu befriedigen und die Umsätze zu steigern.[31]

Des Weiteren sind Elektroprodukte empfindlich gegenüber Temperatur- und Feuchtigkeitseinflüssen. Dies muss bei den Lager- und Transportbedingungen berücksichtigt werden, um Schäden zu vermeiden. Durch den Einsatz einer adäquaten Verpackung und der richtigen Handhabung können Transportschäden minimiert werden.[32]

---

[29] Vgl. Foscht et al. (2017), S. 171.
[30] Vgl. Miles (2018).
[31] Vgl. Tripp (2021), S. 47.
[32] Vgl. Bertagnolli (2018), S. 291.

Für die weltweite Abdeckung der Produkte auf dem Markt werden diese oft per Luftfracht oder Seeverkehr transportiert. Diese Transportwege sind sehr schnell und effektiv, um den Kundenanforderungen gerecht zu werden. Jedoch sind sie sehr komplex und organisatorisch anspruchsvoll, aufgrund von anfallenden Zoll- und internationalen Vorschriften.[33]

Ein weiterer Aspekt ist das Retourenmanagement. Aufgrund von Defekten, Reparaturen oder Rückgaberechten haben elektronische Produkte oft eine höhere Anzahl von Retouren. Ein effizientes Retourenmanagement ist daher entscheidend für die Logistik, um den Rücksendeprozess reibungsfrei abzuwickeln und die Kundenzufriedenheit aufrecht zu erhalten.[34]

2.4 Schlussfolgerung

Die vorliegende Aufgabe zeigt, dass die Art und Güte von Produkten einen erheblichen Einfluss auf die Wahl des Vertriebskanals und die Logistik haben. Die Produkteigenschaften bestimmen die Anforderungen an die Logistikprozesse und beeinflussen die Entscheidung über den optimalen Vertriebskanal.

Es ist wichtig, die Zusammenhänge zwischen Produkteigenschaften, Vertriebskanal und Logistik zu berücksichtigen, um als Unternehmen eine optimale Kundenzufriedenheit zu erreichen. Durch die sorgfältige Anpassung der internen und externen Logistikprozesse an die spezifischen Anforderungen eines Produkts und die Wahl des passenden Vertriebskanals können Unternehmen die Kundenbedürfnisse langfristig und effektiv erfüllen.

In Zukunft ist zu erwarten, dass die Bedeutung der Produkteigenschaften für die Logistik und die Wahl der Vertriebskanäle weiter zunehmen wird. Die steigende Vielfalt an Produkten und die wachsenden Kundenansprüche erfordern eine immer präzisere Anpassung der Logistikprozesse und eine breite Wahl von Vertriebskanälen.

3 Distributionspolitik: Einflussfaktoren und ihre Bedeutung für den Erfolg

Die Distributionspolitik, auch Vertriebspolitik genannt, beinhaltet alle Maßnahmen, welche Entscheidungen und Aktivitäten über Produkte bzw. Dienstleistungen auf dem Weg zwischen Hersteller und Endverbraucher betreffen. Ziel ist es, die richtigen Produkte zur

---

[33] Vgl. Hohmann (2022), S. 157–162.
[34] Vgl. Knoppe et al. (2022), S. 409–410.

richtigen Zeit, in der richtigen Menge und am richtigen Ort für die Kunden verfügbar zu stellen.[35] Sie spielt eine entscheidende Rolle für den Erfolg von Produkten und Dienstleistungen eines Unternehmens und zielt darauf ab, den Kundenwert zu maximieren und die Kundenzufriedenheit zu erhöhen.[36] Die Distributionspolitik umfasst verschiedene Bereiche wie z. B. die strategische Planung, Steuerung und Kontrolle der Vertriebsaktivitäten, einschließlich der Wahl der Vertriebskanäle, des Transportwesens und der Lagerhaltung.[37] Für Unternehmen ist es wichtig, Faktoren, die einen möglichen Einfluss auf die Vertriebspolitik haben, zu identifizieren, um ihre Distributionsstrategie anzupassen bzw. neu zu entwickeln. In dieser Aufgabe werden zwei solcher Einflussfaktoren näher beleuchtet: Das steigende Umweltbewusstsein sowie die Digitalisierung und der damit verbundene Fortschritt von Technologien.

Ziel ist es, den Einfluss der genannten Faktoren auf die Distributionspolitik darzustellen und diesen anhand konkreter Beispiele zu verdeutlichen. Diese Aufgabe konzentriert sich ausschließlich auf den Einfluss dieser zwei Faktoren. Andere potenzielle Einflussfaktoren, wie beispielsweise rechtliche Rahmenbedingungen oder kulturelle Aspekte, werden hier nicht näher behandelt.

3.1 Steigendes Umweltbewusstsein: Der Weg zur Kreislaufwirtschaft

Aufgrund des Klimawandels und den damit verbundenen Naturkatastrophen, welche verstärkt Auswirkungen auf die Wirtschaft und Gesellschaft haben, gewinnt das Thema Nachhaltigkeit in den letzten Jahren zunehmend an Bedeutung.[38]

Nachhaltigkeit wird ein Teil des Kerngeschäfts für Unternehmen. Jedoch hört die Verantwortung für die eigenen Produkte „nicht am Werkstor auf, sondern es werden auch Vorleistungen, nachfolgende Produktionsstufen und ggf. die Entsorgung mitbetrachtet."[39]

Das steigende Umweltbewusstsein sowie der ethische Konsum wird für Verbraucher selbstverständlich. Es hat erheblichen Einfluss auf die Geschäftspraktiken und zeichnet sich als wesentlicher Veränderungstreiber ab. Verantwortlich dafür sind verschärfte Regulationen, Ressourcenknappheit, Ressourcenvolatilität sowie die Veränderungen der Nachfrage seitens der Verbraucher. Nachhaltigkeitsaspekte beeinflussen mittlerweile Kaufentscheidungen und werden zum selbstverständlichen Teil der Lebenspraxis vieler

---

[35] Vgl. Wirtz (2022), S. 393.
[36] Vgl. Wirtz (2022), S. 395.
[37] Vgl. Kuß/Kleinaltenkamp (2020), S. 235–236.
[38] Vgl. Göpfert (2022), S. 148.
[39] Bundesministerium für Umwelt, Naturschutz und Reaktorsicherheit (2007), S. 169.

Konsumenten. Eine Nachhaltigkeitsstrategie für Unternehmen ist deshalb essenziell, um im Wettbewerb bestehen zu können. Betriebe stehen vor der Herausforderung, ihre Distributionsstrategien anzupassen, um den Bedürfnissen und Vorgaben gerecht zu werden und gleichzeitig wirtschaftliche Effizienz zu gewährleisten.[40]

Nachhaltigkeit wird für Unternehmen zum Innovationshebel. So plant z.b. der Einzelhandelskonzern bis 2025 einen Zero-Waste-Supermarkt, Coca-Cola möchte seinen Wasserverbrauch stark reduzieren, die Deutsche Bahn beabsichtigt zukünftig einen CO2-neutralen Zugverkehr und die weltweit größte Reederei Maersk will all ihre Containerschiffe nach ihrer Lebensdauer in den Recycling-Kreislauf zurückführen. Diese ambitionierten Visionen der Unternehmen gehen mit erheblichen Anstrengungen einher. In Bezug auf die Distributionspolitik spielt die eigene Lieferkette dabei die zentrale Rolle. Unternehmen, die ihre Strategie auf CO2-Reduktion und Umweltaspekte ausrichten, müssen ihre Lieferanten und Spediteure in die Lieferkette miteinbeziehen, um diese Ziele zu erreichen. Schätzungsweise 50 bis 70 Prozent der Treibhausgasemissionen und Kosten von Unternehmen fallen nicht durch den direkten Herstellungsprozess der Produkte an. Die Ökobilanz und die Kostenstruktur lassen sich durch gezielte Maßnahmen optimieren. Dazu zählen bspw. die Abfallvermeidung sowie die Steigerung der Energieeffizienz. Für Unternehmen entstehen allmählich innovative Lösungen, welche ökologische und ökonomische Ziele elegant kombinieren.[41]

Auf dem Weg zur Kreislaufwirtschaft stehen Unternehmen vor der Aufgabe zu klären, wie Materialien im Konsumkreislauf gehalten werden können, um Recycling-Kreisläufe zu etablieren. Zudem gilt es, nachwachsende Rohstoffe einzusetzen und Abfälle bzw. schädliche Emissionen drastisch zu reduzieren. Das übergeordnete Ziel soll sein, Produkte so zu entwickeln, dass sie nach ihrem Lebenszyklus möglichst ohne Wertverlust recycelt werden. Dies wird teilweise in der Papierherstellung bereits realisiert. Anstatt Transportverpackungen nach der Benutzung lediglich zu entsorgen, werden bspw. vom Handel Transportverpackungen sortiert und von Papierentsorgungsunternehmen abgeholt. Dieses Altpapier wird dann den Papierfabriken zurückgeführt, um neue Verpackungsmaterialien zu produzieren. Selbst Privatverbraucher tragen zu diesem Kreislauf bei, indem sie ihr Altpapier sorgfältig und konsequent trennen. Dadurch wird das Abholzen von Regenwaldbeständen für die Neugewinnung von Rohmaterialien reduziert und es entsteht ein geschlossener Stoffkreislauf. Da jedoch Papierhersteller die Nachhaltigkeit der Produkte nur gering steuern können, liefern die Partnerschaften innerhalb der Lieferketten, einen wichtigen Einblick in die ökologische Transparenz der Unternehmen.

---

[40] Vgl. Rodenhäuser/Rauch (2015), S. 8.
[41] Vgl. Rodenhäuser/Rauch (2015), S. 9.

Es entstehen aufgrund des steigenden Umweltbewusstseins Zusammenarbeiten und Partnerschaften, die in der Vergangenheit nicht vorstellbar waren.[42] So hat bspw. Asiens größter Papierhersteller, nach den Vorwürfen von Greenpeace, dass die Lieferanten Regenwaldbestände im großen Stil abholzen, sich dazu verpflichtet, über die gesamte Wertschöpfungskette hinweg, konsequent darauf zu verzichten. Greenpeace ist seit dieser Verpflichtung laut der Webseite des Herstellers ein vitaler Partner und geschätzter kritischer Freund.[43]

Ein weiteres Beispiel für die Optimierung der Lieferkette durch eine strategische Zusammenarbeit bietet das Unternehmen Coca-Cola. Seit mehr als einem Jahrzehnt arbeitet es mit der World Wildlife Fund (WWF) erfolgreich zusammen, um Süßwasserzonen zu schützen.[44] Die Zusammenarbeit „geht dabei über das Thema Wasser hinaus und umfasst auch die Verbesserung der Umweltleistung in der gesamten Lieferkette von Coca-Cola, einschließlich der Verringerung von Emissionen und der Unterstützung des Unternehmens dabei, neue Wege der Beschaffung von landwirtschaftlichen Rohstoffen und beim Recycling von Kunststoffverpackungen zu gehen. Gemeinsam helfen die Partner auch gefährdeten Gemeinden, sich gegen Folgen des Klimawandels und gegen Wasserstress zu wappnen".[45] Das Unternehmen lernt dadurch in Bezug auf die Distributionspolitik, Nachhaltigkeit ganzheitlich zu betrachten und unterstützt seither aktiv ihre Zulieferer, um die gesamte Wertschöpfungskette auf das steigende Umweltbewusstsein anzupassen.[46]

Eine weitere wichtige Komponente in Bezug zur Nachhaltigkeit ist die Optimierung von Transportverpackungen. Dies kann den CO2- Fußabdruck von Unternehmen deutlich reduzieren, wie das folgende Beispiel der Otto Group und dem konzerneigenen Logistikunternehmen Hermes zeigt. Dafür wurden in einer Studie Datensätze von rund 20 Millionen Sendungen gesammelt und ausgewertet. Im Fokus steht dabei das Zusammenspiel von Kartongröße sowie das Luft- und Artikelvolumen. Durch eine anschließende Optimierung der Verpackungsgrößen, gelingt es dem Unternehmen im Durchschnitt 1,5 Liter Luft pro Karton einzusparen. Dadurch reduziert sich das Transportvolumen von aller Bestellungen der Otto Group jährlich um 500 Lkw-Ladungen und spart somit 170 Tonnen CO2 ein.[47]

---

[42] Vgl. Rodenhäuser/Rauch (2015), S. 11.
[43] Vgl. Asia Pulp & Paper (2023).
[44] Vgl. Coca-Cola (2023).
[45] Coca-Cola (2023).
[46] Vgl. Rodenhäuser/Rauch (2015), S. 12.
[47] Vgl. Rodenhäuser/Rauch (2015), S. 12.

3.2 Digitalisierung und Fortschritt von Technologien: Die interne und externe intelligente Logistik

Die vierte industrielle Revolution (Industrie 4.0) kennzeichnet sich durch die Anbindung des Internets in bestehende Geschäftsmodelle. Dadurch lassen sich die internen und externen Wertschöpfungsketten miteinander vernetzen. In der Praxis werden in Unternehmen Produktionsanlagen, Komponenten, Produkte und Logistikketten im digitalen Zeitalter mit dem Internet verknüpft und miteinander verbunden. Daraus entsteht das sog. Internet der Dinge[48] womit auch die Leistungsfähigkeit innerhalb der Logistikprozesse deutlich verbessert werden.[49]

Herkömmliche Lagerbetriebe basieren auf dem Prinzip „Mann zur Ware". Bei eingehenden Aufträgen bewegt sich der Lagermitarbeiter durch das Warenlager, um die benötigten Produkte zu kommissionieren und die Paletten bzw. Pakete für den Versand zur Verfügung zu stellen.[50] Durch den beschriebenen Wandel der Technologie werden in der internen Logistik vermehrt intelligente fahrerlose Transportsysteme (s. Abbildung 1) eingesetzt. Diese navigieren sich selbstständig durch ein Lager und können Wege und Hindernisse kontinuierlich erforschen und somit die Effektivität der Logistik steigern.[51] Zukünftig werden vermutlich vollautomatisierte Prozesse die Rolle des Lagermitarbeiters komplett übernehmen. Roboter werden Aufträge verarbeiten, Pakete packen und an definierte Übergabeorte für den weiteren Transport zur Verfügung stellen.[52]

Ein Vorreiter von dieser Vision ist die Firma Kiva System, die im Jahr 2012 von Amazon gekauft wurde. Die entwickelten Roboter des Unternehmens sind in der Lage, Versandregale zu befördern. Dies sorgt für eine entscheidende Auswirkung auf die Effektivität der Logistik. Die Ware wird automatisiert dem Lagermitarbeiter zugestellt, um sie für den Transport vorzubereiten. Im Vergleich zur herkömmlichen Methode, kommt hier das Regal zum Mitarbeiter. Die Beschaffung der einzelnen Produkte innerhalb des Lagers wird komplett automatisiert.[53]

Anm. der Red: Diese Abb. wurde aus urheberrechtlichen Gründen entfernt.

Abbildung 1: Fahrerlose Transportsysteme

Quelle: https://www.allaboutlean.com/amazon-kiva-storage-strategies/picker4/

---

[48] Vgl. Wagner (2018), S. 4.
[49] Vgl. Voß (2015), S. 64.
[50] Vgl. Rodenhäuser/Rauch (2015), S. 18.
[51] Vgl. Wagner (2018), S. 5.
[52] Vgl. Rodenhäuser/Rauch (2015), S. 18.
[53] Vgl. Rodenhäuser/Rauch (2015), S. 19.

Eine weitere Entwicklung aufgrund der intelligenten Auswertung von Daten ist die anti-zipatorische Logistik. Der zunehmende Wettbewerb im Online-Handel sorgt dafür, dass Lieferzeiten aus Sicht der Kunden nicht kurz genug sein können. Die Lieferung am Tag nach der Bestellung oder sogar am selben Tag wird zunehmend selbstverständlich und dient als attraktives Kaufkriterium. Dadurch sind Unternehmen gezwungen, ihre Logistik-prozesse kontinuierlich zu optimieren, um die Lieferzeiten zu verkürzen. Ziel der antizi-patorischen Logistik ist es, anhand von akkuraten Prognosen der Kundenbedürfnisse, Produkte schneller zu liefern. Mit diesem Konzept beschäftigt sich Amazon schon meh-rere Jahre. Das Unternehmen verfügt über ein Patent, das eine Methode beschreibt, bei der Waren versendet werden, ohne dass der Kunde tatsächlich eine Bestellung auslöst. Die Pakete werden in ein regionales Versandzentrum verschickt, mit der Erwartung, dass der Kunde zeitnah die Bestellung tätigt. Das Produkt ist dann zum Zeitpunkt der Bestellung bereits in der Nähe des Kunden und kann unmittelbar zugestellt werden.[54]

Die dahinterstehende Technologie prognostiziert den Bedarf der Kunden auf der Grund-lage des Kundenverhaltens in der Vergangenheit. Es lassen sich dadurch gewisse Mus-ter (Bestellverhalten, etc.) erkennen bzw. ableiten. Datengetriebene Systeme erstellen anhand dieser Informationen im nächsten Schritt individuelle Lieferketten. So lässt sich bspw. präzise voraussagen, in welchen Regionen Produkte häufiger gebraucht werden. Es lassen sich zukünftig immer leichter konkrete Logistikaussagen über den benötigten Lagerplatz, der Lastkraftwagen und Lagerarbeiter treffen. Dadurch werden Ressourcen effektiver eingesetzt. Auch das gesamte Logistikrisiko wird durch dieses innovative Kon-zept minimiert. So können Live-Daten aus der Lieferkette, Tracking-Sensoren, welche Auskunft über den Zustand des Transportguts geben sowie Echtzeitverkehrsmeldungen in die Datenmodelle mit einfließen und bei der Planung berücksichtigt werden.[55]

3.3   Fazit

Zusammenfassend lässt sich festhalten, dass die Distributionspolitik eine entscheidende Rolle für den Erfolg eines Unternehmens spielt. Eine effektive Distributionsstrategie er-möglicht es, Produkte oder Dienstleistungen erfolgreich auf dem Markt zu positionieren und die Kundenzufriedenheit zu steigern. Zwei bedeutsame Einflussfaktoren auf die Distributionspolitik sind das steigende Umweltbewusstsein sowie die Digitalisierung und der damit verbundene Fortschritt von Technologien.

---

[54] Vgl. Rodenhäuser/Rauch (2015), S. 20.
[55] Vgl. BITO (2023).

Das steigende Umweltbewusstsein führt dazu, dass das Thema Nachhaltigkeit ein zunehmend integraler Bestandteil des Kerngeschäfts von Unternehmen wird. Durch die Digitalisierung können die internen und externen Wertschöpfungsketten durch die Anbindung des Internets an bestehende Geschäftsmodelle miteinander verknüpft werden, um die Effektivität und Effizienz der Lieferkette zu verbessern.

Zusammenfassend lässt sich sagen, dass Unternehmen kontinuierlich mögliche Einflussfaktoren abwägen und ggf. sich daran anpassen müssen, um von den damit verbundenen Vorteilen und Chancen zu profitieren. Durch Partnerschaften, Innovationen und die Optimierung der Logistikprozesse können Unternehmen sowohl ökologische als auch ökonomische Ziele erreichen und ihre Wettbewerbsfähigkeit auch zukünftig stärken. Die Fähigkeit, auch flexibel auf Veränderungen zu reagieren und sich an neuen Gegebenheiten anzupassen, wird entscheidend sein, um im dynamischen Marktumfeld langfristig erfolgreich zu sein.

Literaturverzeichnis

Asia Pulp & Paper (2023), APP Welcomes Greenpeace's Decision to Fully Re-engage on Forest Conservation Policy, in: https://asiapulppaper.com/-/app-welcomes-greenpeace-s-decision-to-fully-re-engage-on-forest-conservation-policy, abgerufen am 8. 7. 2023.

Bayerisches Landesamt für Gesundheit und Lebensmittelsicherheit (2023), Lebensmittel: Verbrauchsdatum, in: https://www.lgl.bayern.de/lebensmittel/hygiene/verderb/et_verbrauchsdatum.htm, abgerufen am 4. 7. 2023.

Bertagnolli, F. (2018), Lieferkette. In: *Bertagnolli, F.* (Hrsg.), Lean Management. Einführung und Vertiefung in die japanische Management-Philosophie, Wiesbaden, Heidelberg, S. 281–296.

Binckebanck, L. (2015), Digital Sales Excellence: Neue Technologien im Vertrieb aus strategischer Perspektive. In: *Binckebanck, L./Elste, R.* (Hrsg.), Digitalisierung im Vertrieb. Strategien zum Einsatz neuer Technologien in Vertriebsorganisationen, Wiesbaden, S. 189–354.

Binckebanck, L./Elste, R./Haas, A. (2022), Digitalisierung im Vertrieb. Strategien zum Einsatz neuer Technologien in Vertriebsorganisationen, 2. Aufl., Wiesbaden.

Binckebanck, L./Hölter, A.-K./Tiffert, A. (2020), Führung von Vertriebsorganisationen. Strategie - Koordination - Umsetzung, 2. Aufl., Wiesbaden, Heidelberg.

BITO (2023), Zukunft der Logistik: Digitalisierung und KI revolutionieren die Supply Chains, in: https://www.bito.com/de-de/fachwissen/artikel/zukunft-der-logistik/, abgerufen am 9. 7. 2023.

Bruhn, M. (2014), Marketing. Grundlagen für Studium und Praxis, 12. Aufl., Wiesbaden.

Bundesministerium für Umwelt, Naturschutz und Reaktorsicherheit (Hrsg.) (2007), Nachhaltigkeitsmanagement in Unternehmen. Von der Idee zur Praxis: Managementansätze zur Umsetzung von Corporate Social Responsibility und Corporate Sustainability, Lüneburg.

Coca-Cola (2023), Die Partnerschaft von Coca-und und WWF | Coca-Cola DE, in: https://www.coca-cola-deutschland.de/verantwortung/wasser/partnerschaft-coca-cola-wwf, abgerufen am 8. 7. 2023.

Foscht, T./Swoboda, B./Schramm-Klein, H. (2017), Käuferverhalten. Grundlagen - Perspektiven - Anwendungen, 6. Aufl., Wiesbaden, Heidelberg.

Göpfert, I. (2022), Logistik der Zukunft - logistics for the future, 9. Aufl., Wiesbaden, Heidelberg.

Herlan, C. (2012), Direkter oder indirekter Vertrieb – Vor- und Nachteile, b-wise.

Hohmann, S. (2022), Logistik- und Supply Chain Management. Grundlagen, Theorien und quantitative Aufgaben, Wiesbaden, Heidelberg.

IHK Rheinhessen (2023), Leicht verderbliche Lebensmittel, in: https://www.ihk.de/rhein-hessen/starthilfe/gewerberechtliche-vorschriften/lebensmittelhygiene/leicht-ver-derbliche-lebensmittel-5066892, abgerufen am 4. 7. 2023.

Jeziorsky-Zeiser, J./Krautkrämer-Merkt, N./Veeh, W. (2021), Distributionsgestaltung. Studienbrief der SRH Fernhochschule Titel Nr. 0590-03, 3. Aufl., Riedlingen.

Kenning, P. (2018), Definition: direkter Vertrieb, Springer Fachmedien Wiesbaden GmbH.

Knoppe, M./Rock, S./Wild, M. (2022), Der zukunftsfähige Handel. Neue online und offline Konzepte sowie digitale und KI-basierte Lösungen, Wiesbaden, Heidelberg.

Kuß, A./Kleinaltenkamp, M. (2020), Marketing-Einführung. Grundlagen - Überblick - Beispiele, 8. Aufl., Wiesbaden, Heidelberg.

Lippold, D. (2018), Marketing und Vertrieb der Unternehmensberatung. In: *Lippold, D.* (Hrsg.), Die Unternehmensberatung. Von der strategischen Konzeption zur praktischen Umsetzung, 3. Aufl., Wiesbaden, Heidelberg, S. 201–350.

Miles, S. (2018), Die 12 besten Apple Stores der Welt, Pocket-lint.

Rodenhäuser, B./Rauch, C. (2015), Supply Chain 2025. Eine Studie des Zukunftsinstituts für den Verband der Wellpappen-Industrie.

Rothländer, M. (2023), Logistik im Lebensmittelhandel. Prozesse, Strukturen und Informationssysteme, Wiesbaden.

Tripp, C. (2021), Distributions- und Handelslogistik. Netzwerke und Strategien der Omnichannel-Distribution im Handel, 2. Aufl., Wiesbaden, Heidelberg.

Voß, P. H. (2015), Logistik - eine Industrie, die (sich) bewegt. Strategien und Lösungen entlang der Supply Chain 4.0, Wiesbaden.

Wagner, R. M. (2018), Industrie 4.0 für die Praxis. Mit realen Fallbeispielen aus mittelständischen Unternehmen und vielen umsetzbaren Tipps, Wiesbaden.

Wegmann, C. (2020), Lebensmittelmarketing. Produktinnovationen, Produktgestaltung, Werbung, Vertrieb, Wiesbaden, Heidelberg.

Wirtz, B. W. (2022), Multi-Channel-Marketing. Grundlagen - Instrumente - Prozesse, 3. Aufl., Wiesbaden, Heidelberg.